doo-wops & hooligans

D1310296

ISBN 978-1-4584-0286-8

7777 W. BLUEMOUND RD. P.O. BOX 13819 MILWAUKEE, WI 53213

In Australia Contact:
Hal Leonard Australia Pty. Ltd.
4 Lentara Court
Cheltenham, Victoria, 3192 Australia
Email: ausadmin@halleonard.com.au

Visit Hal Leonard Online at
www.halleonard.com

GRENADE

Words and Music by BRUNO MARS,
ARI LEVINE, PHILIP LAWRENCE,
CHRISTOPHER STEVEN BROWN, CLAUDE KELLY
and ANDREW WYATT

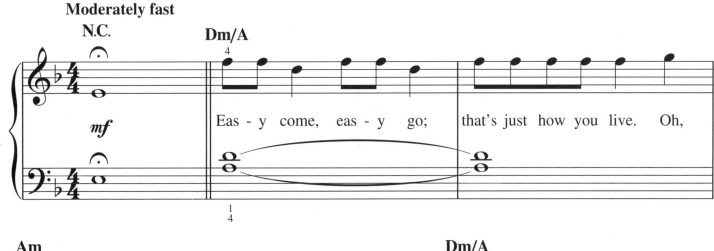

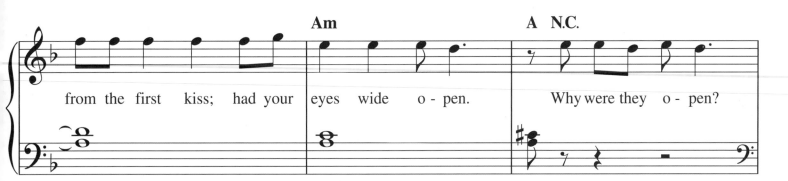

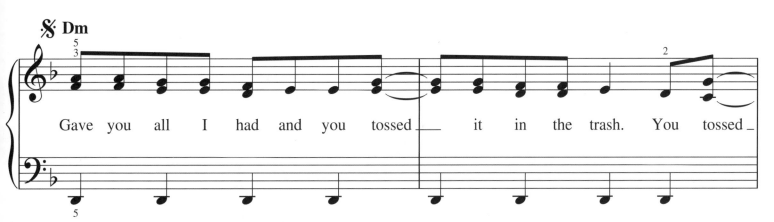

4

it in the trash; you did. ___ To give ___ me all your love is all

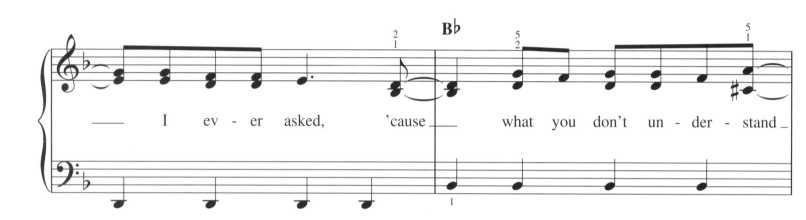

I ev - er asked, 'cause ___ what you don't un - der - stand ___

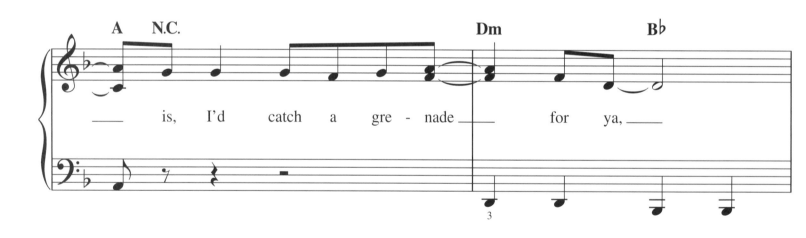

is, I'd catch a gre - nade ___ for ya, ___

throw my hand on a blade ___ for ya. ___ I'd jump in front of a train ___

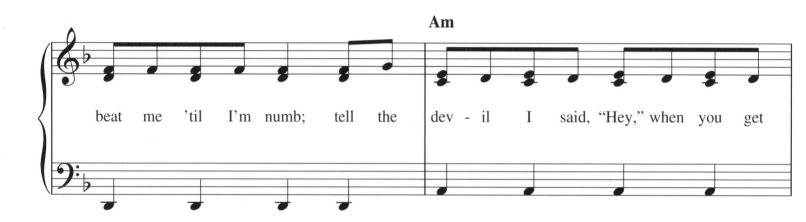

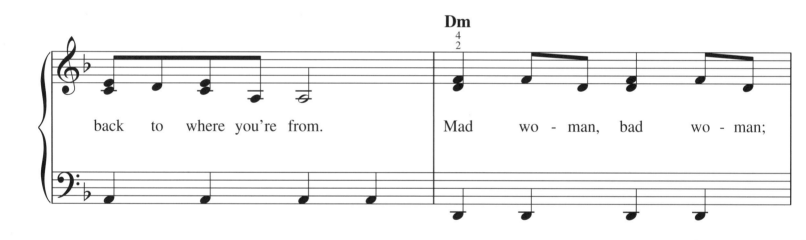

But dar - ling, I'd still catch a gre - nade _____ for ya, _____

throw my hand on a blade _____ for ya. _____ I'd jump in front of a train _____

_____ for ya. _____ You know I'd do an - y - thing _____ for ya. _____

Ooh, _____ I would go through all ___ this pain, ___ take a

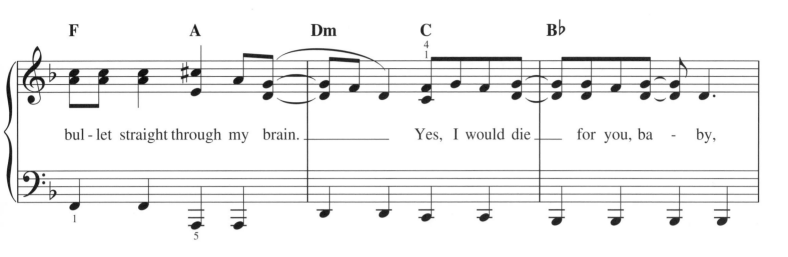

bul - let straight through my brain. Yes, I would die for you, ba - by,

but you won't do the same.

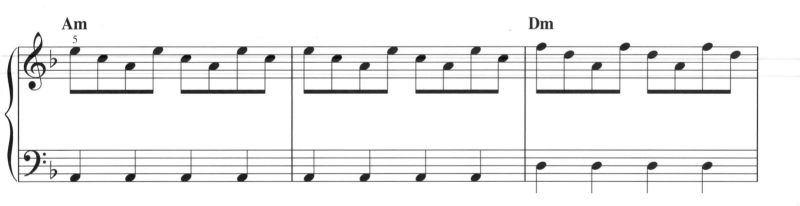

JUST THE WAY YOU ARE

Words and Music by BRUNO MARS,
ARI LEVINE, PHILIP LAWRENCE,
KHARI CAIN and KHALIL WALTON

Moderate Hip-Hop groove

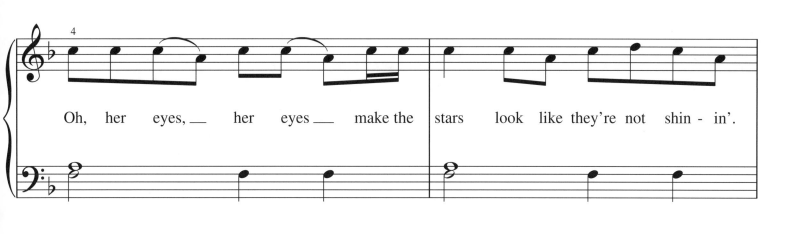

Oh, her eyes, __ her eyes __ make the stars look like they're not shin - in'.

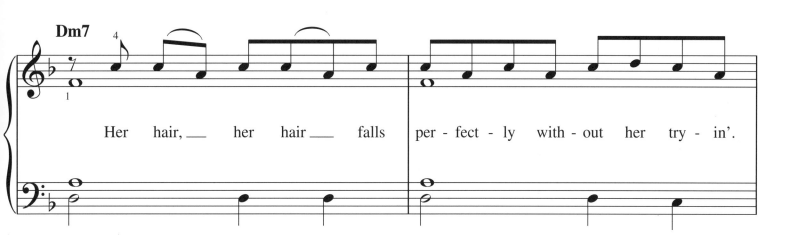

Dm7

Her hair, __ her hair __ falls per - fect - ly with - out her try - in'.

F/B♭   **F**

She's so beau - ti - ful, and I tell her ev - 'ry day.

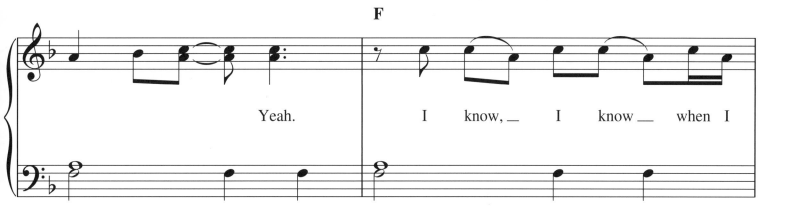

F

Yeah. I know, __ I know __ when I

com - pli - ment her, she won't be - lieve me. And it's so, ___ it's so ___ sad to

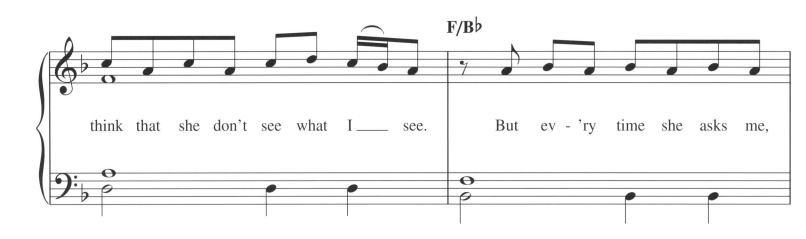

think that she don't see what I ___ see. But ev - 'ry time she asks me,

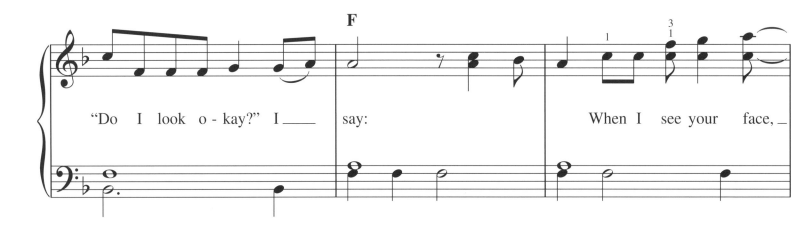

"Do I look o - kay?" I ___ say: When I see your face, ___

___ there's not a thing ___ that I ___ would change, ___

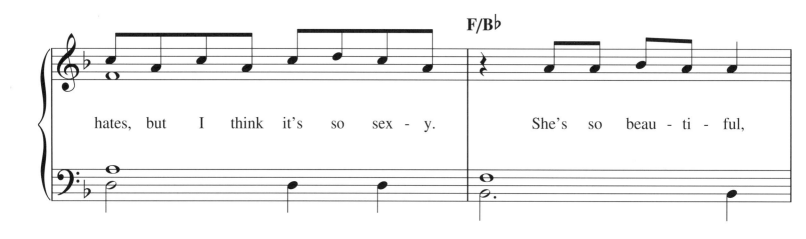

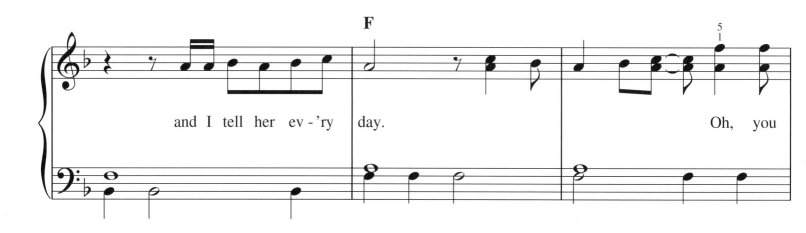

know, you know, you know I'd nev - er ask you to change. __ If

Dm7

per - fect's what you're search - in' for, then just stay the same. __ So __

F/B♭

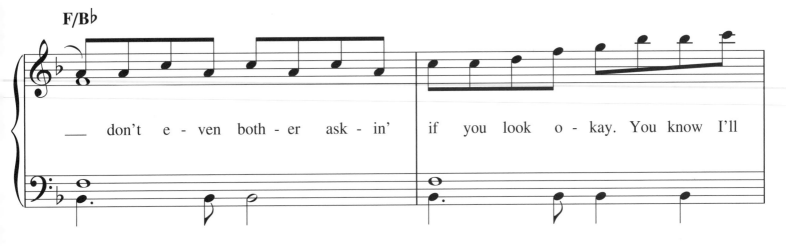

__ don't e - ven both - er ask - in' if you look o - kay. You know I'll

F   **D.S. al Coda**   **CODA**

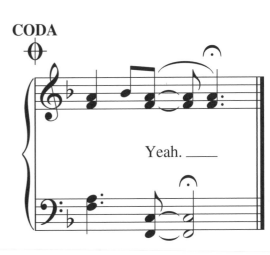

say: _____ When I see your face, __ Yeah. ____

OUR FIRST TIME

Words and Music by BRUNO MARS,
ARI LEVINE, BRIAN LONDON,
PHILIP LAWRENCE, MITCHUM CHIN,
DWAYNE CHIN-QUEE, CHRISTOPHER STEVEN BROWN
and ERIC HERNANDEZ

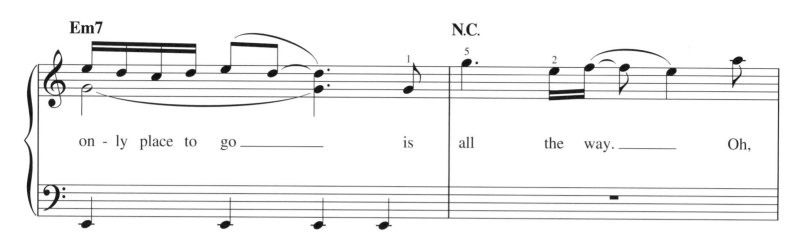

on - ly place to go _____ is all the way. _____ Oh,

ooh, babe, is that all right? _____ Is that o - kay?
ay. Babe,

Girl, don't need to be ner - vous, 'cause

I've got you all night. _____ Don't you

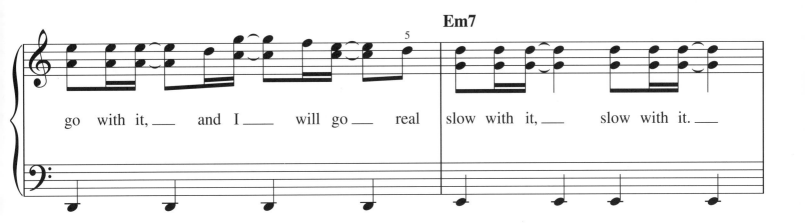

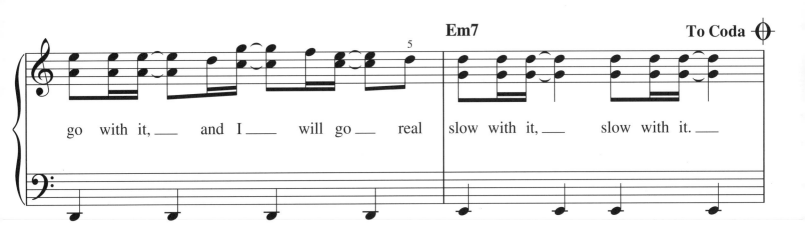

Am

D.S. al Coda

eat ya be - fore you melt a-way - ay - ay -

CODA **A7♭9**

It's our first time.

Dm

Don't it feel good, babe, don't it feel good, ba - by? _____ 'Cause

Em7 **A7♭9**

it's so brand new, babe, it's so brand new, ba - by.

Dm

Don't it feel good, babe, don't it feel good, ba - by? _____ 'Cause

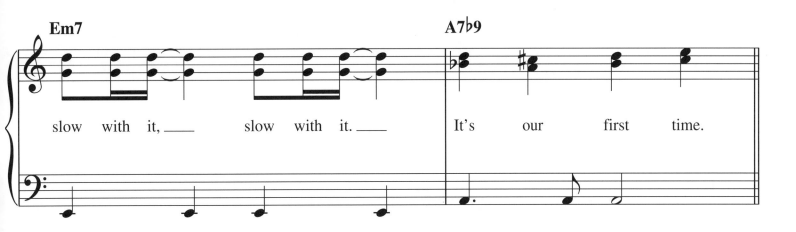

slow with it, ____ slow with it. ____ It's our first time.

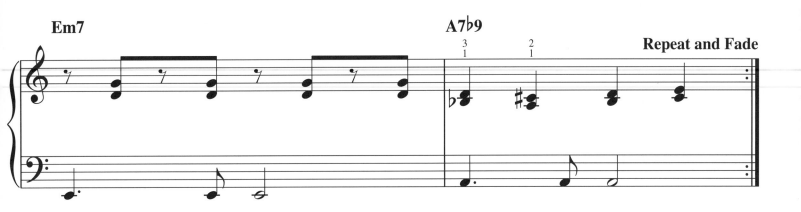

Repeat and Fade

Optional Ending

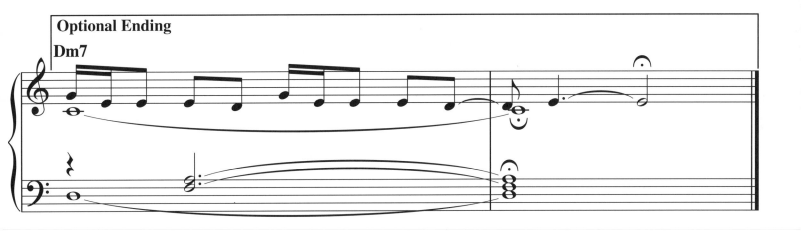

RUNAWAY BABY

Words and Music by BRUNO MARS,
ARI LEVINE, PHILIP LAWRENCE
and CHRISTOPHER STEVEN BROWN

Moderately fast

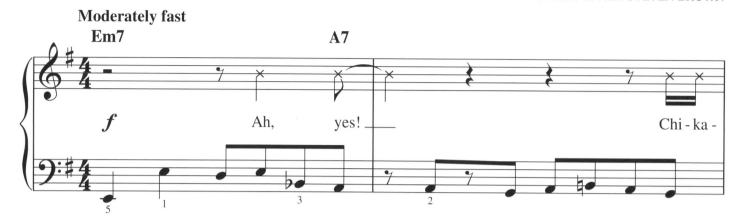

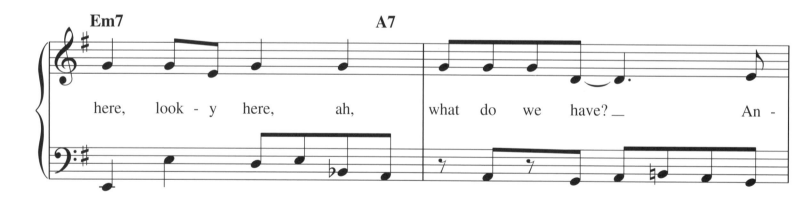

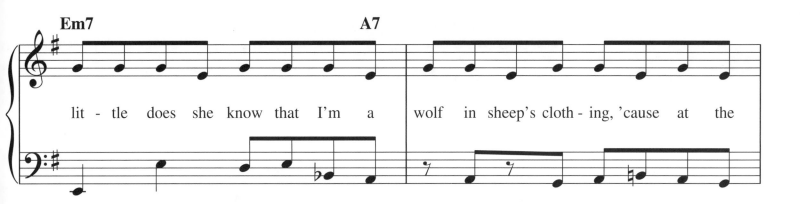

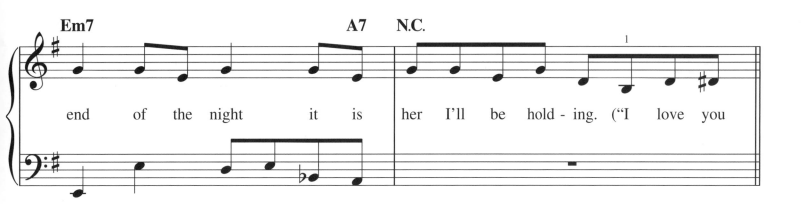

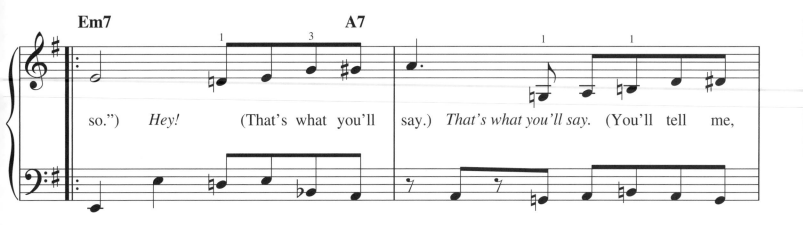

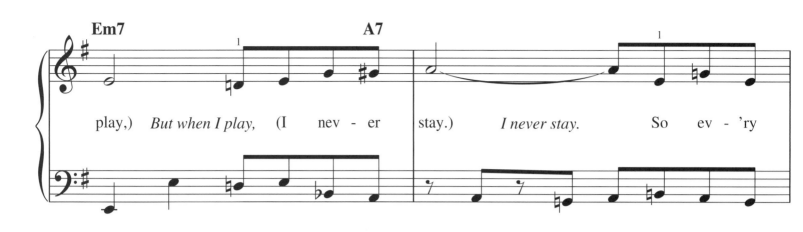

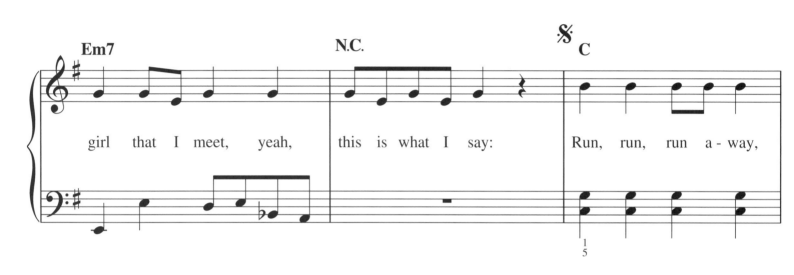

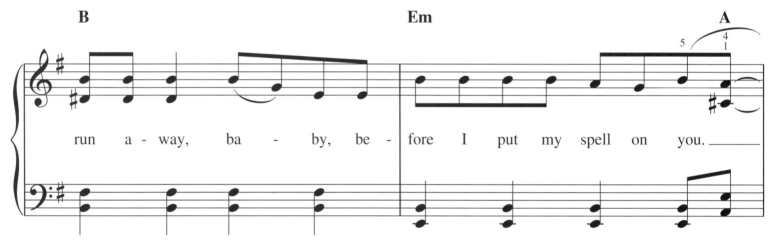

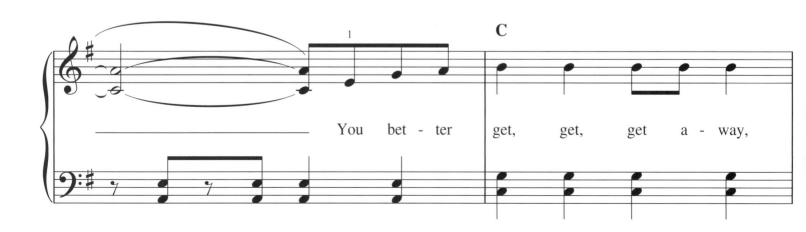

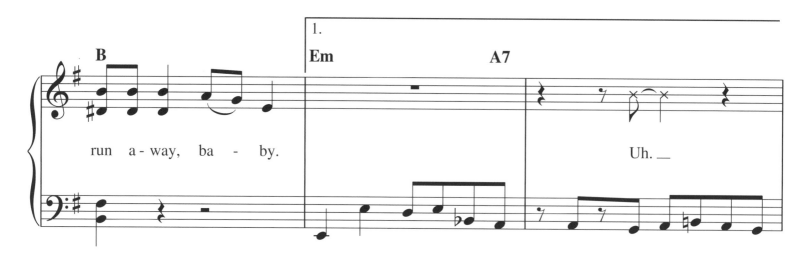

run a - way, ba - by.   Uh. __

Ah,   yeah. __   Well, let me

think, let me think, ah,   what should I do? __ So man - y

ea - ger young bun - nies that I'd   like to pur - sue. __   Now

No, no, no, I just wanna work you, baby.

Yo, yo, see, I ain't tryin' to

hurt you, baby.

If you scared, you better run (you better run), you better run

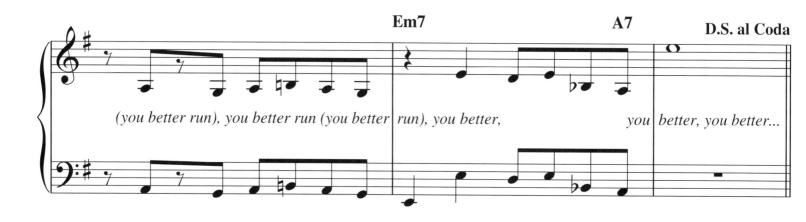

(you better run), you better run (you better run), you better,

you better, you better...

run, run, run a - way, run a - way, ba - by.

THE LAZY SONG

Words and Music by BRUNO MARS,
ARI LEVINE, PHILIP LAWRENCE
and KEINAN WARSAME

day I swear I'm not do - ing an - y - thing.

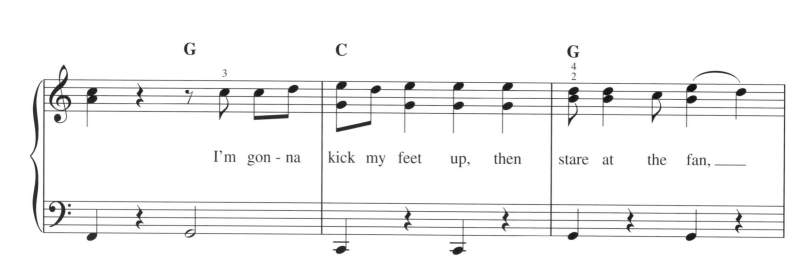

I'm gon - na kick my feet up, then stare at the fan, ____

turn the T - V on, throw my hand in my pants. ____ No - bod - y's gon'

tell me I can't. ____ Naw, I'll be

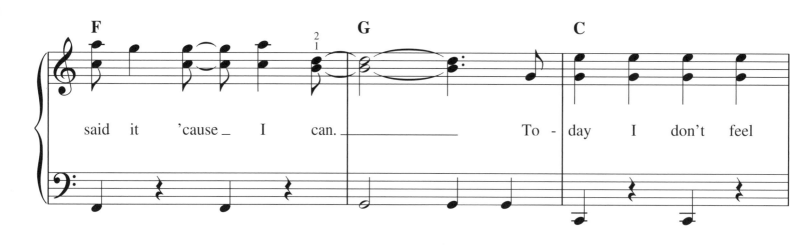

P - Nine - ty - X, meet a really nice girl, have some really nice sex, and

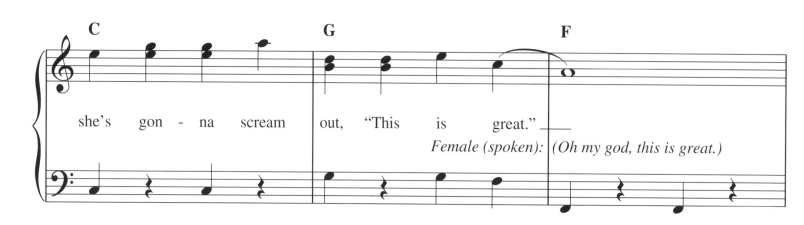

she's gon - na scream out, "This is great." ___

Female (spoken): *(Oh my god, this is great.)*

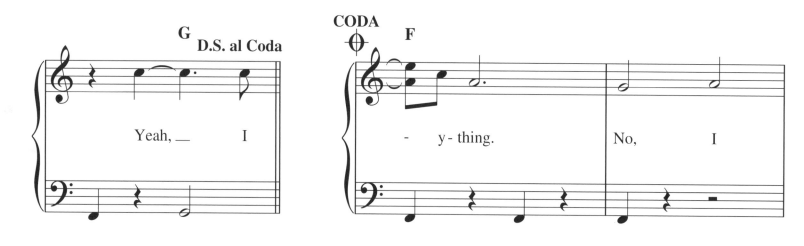

Yeah, ___ I

CODA

- y - thing. No, I

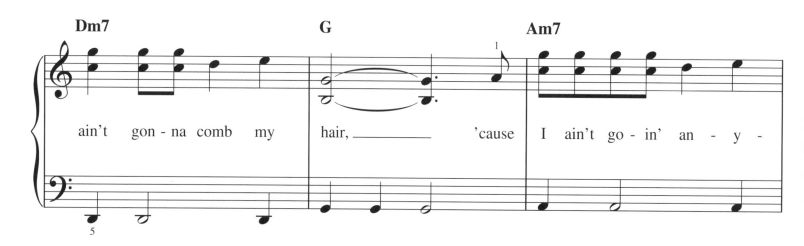

ain't gon - na comb my hair, _____ 'cause I ain't go - in' an - y -

where, no, no, no, no, no, no, no, no, no,

no. I'll just strut in my birth-day suit and let

ev - 'ry - thing hang loose. Yeah, yeah, yeah, yeah,

yeah, yeah, yeah, yeah, yeah, yeah. Oh, to -

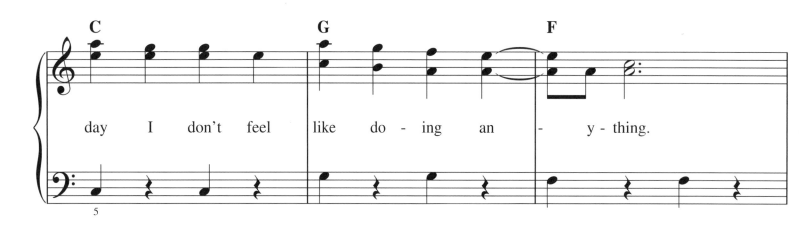

day I don't feel like do - ing an - y - thing.

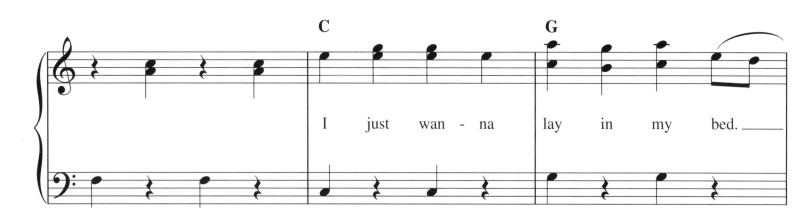

I just wan - na lay in my bed.____

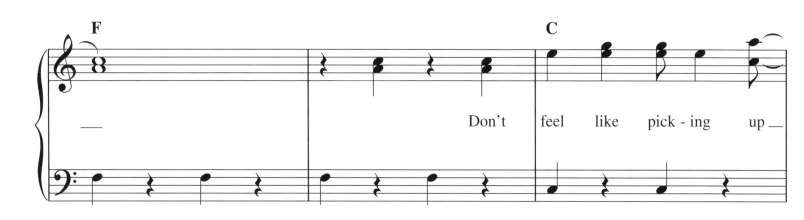

Don't feel like pick - ing up ___

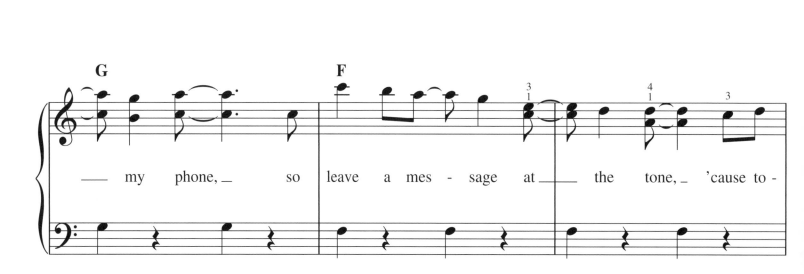

___ my phone, _ so leave a mes - sage at ___ the tone, _ 'cause to -

MARRY YOU

Words and Music by BRUNO MARS,
ARI LEVINE and PHILIP LAWRENCE

It's a beau-ti-ful night.

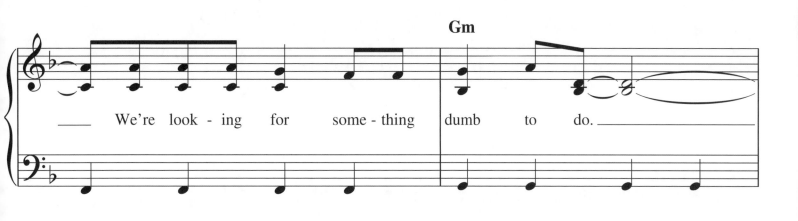

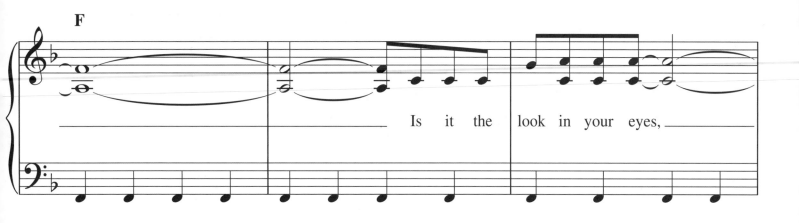

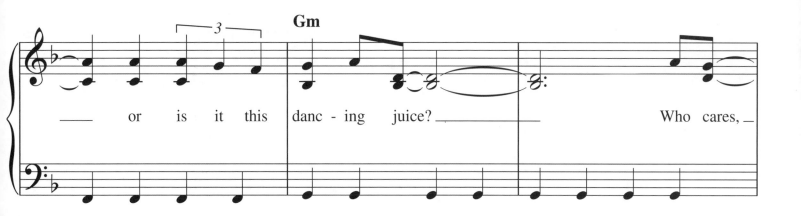

ba - by; __ I think I wan - na mar - ry you. __

__ Well, I know this lit - tle chap - el
I'll go get a ring; let the

on the boul - e - vard, we can go. __
choir __ bells __ sing, like, __ "Ooh." __

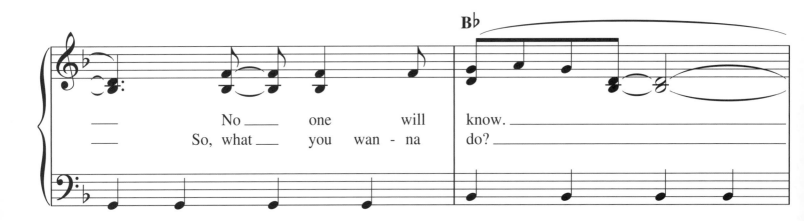

__ No __ one will know. __
__ So, what __ you wan - na do? __

- by, _____ I think I wan - na mar - ry you. _____

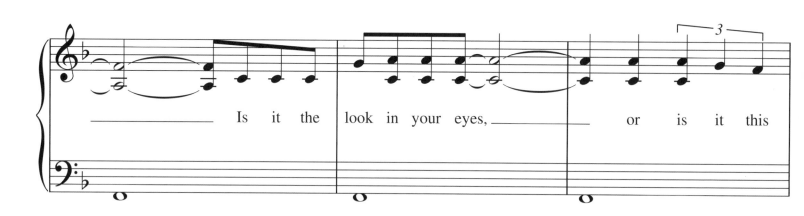

_____ Is it the look in your eyes, _____ or is it this

danc - ing juice? _____ Who cares, __ ba - by; __ I

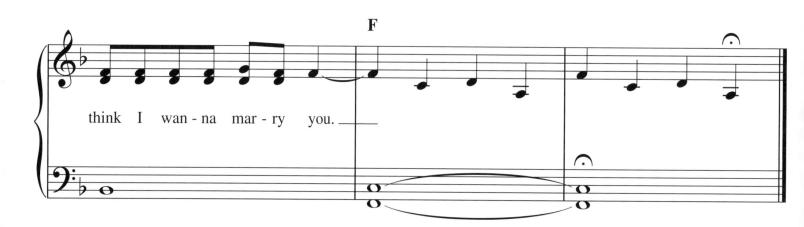

think I wan - na mar - ry you. ___

TALKING TO THE MOON

Words and Music by BRUNO MARS,
ARI LEVINE, PHILIP LAWRENCE,
JEFF BHASKER and ALBERT WINKLER

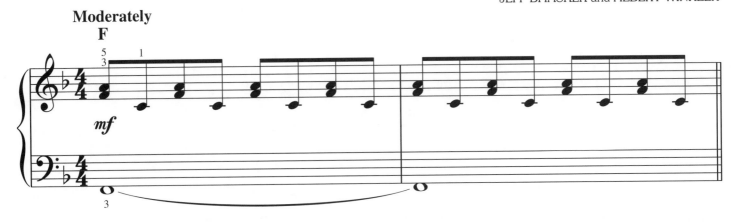

I know you're some-where out there, some-where far a-way. _____ I
I'm feel-ing like I'm fa-mous, the talk of the town. _ They say

want you back. _ I
I've gone mad, _ yeah,

want you back. _
I've gone mad. _

My neigh-bors think I'm cra - zy, but they don't un - der-stand, __ you're all __
But they don't know what I know, 'cause when the sun goes down, __ some-one's

__ I had. __ You're all I had. __
talk - ing back, __ yeah, they're talk - ing back. __

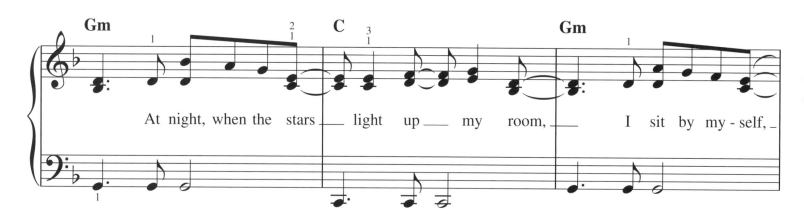

At night, when the stars __ light up __ my room, __ I sit by my - self, __

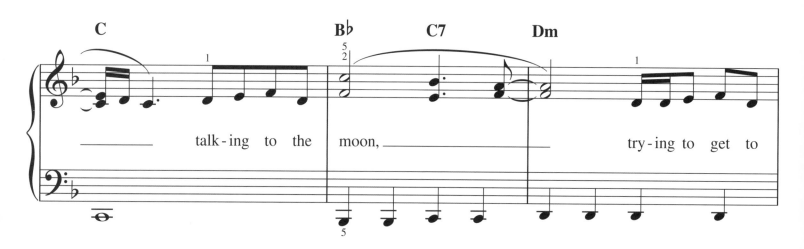

__ talk - ing to the moon, __ try - ing to get to

LIQUOR STORE BLUES

Words and Music by BRUNO MARS,
ARI LEVINE, PHILIP LAWRENCE,
MITCHUM CHIN, DWAYNE CHIN-QUEE,
DAMIAN MARLEY and WESLEY PENTZ

Moderate Reggae

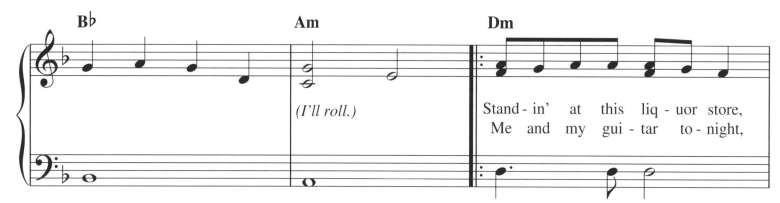

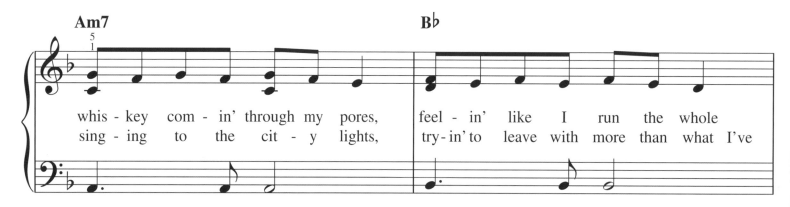

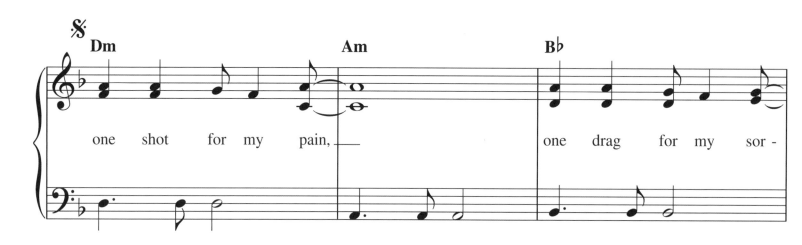

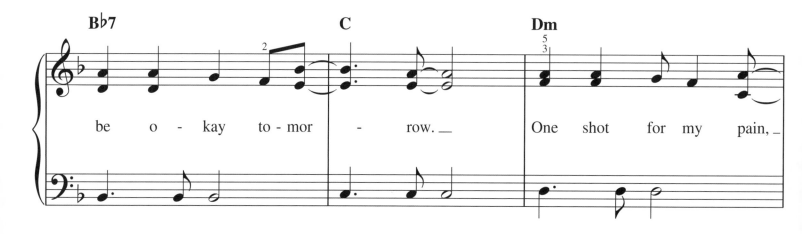

one drag for my sor - row. ___

Get messed up to - day, ___ I'll be o - kay to - mor -

To Coda ⊕ | **1.** N.C. | **2.** N.C.

- row. ___ Uh - uh - uh.

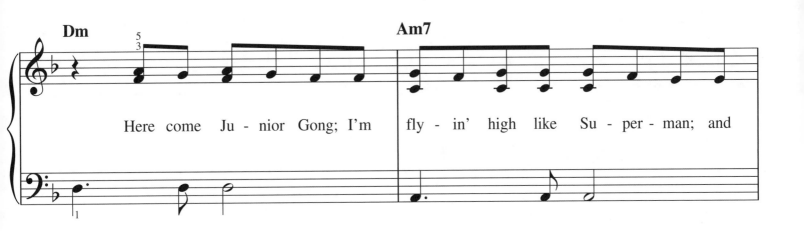

Here come Ju - nior Gong; I'm fly - in' high like Su - per - man; and

B♭ · **Am**

think - ing that I run the whole block. _____ I

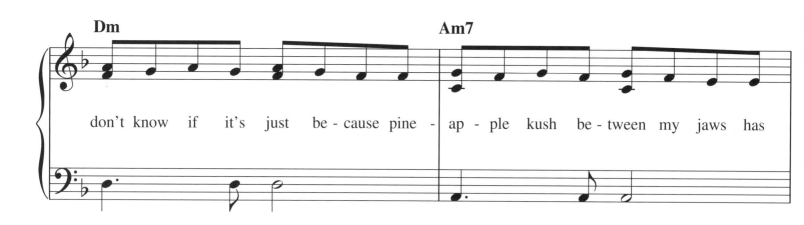

Dm · **Am7**

don't know if it's just be - cause pine - ap - ple kush be - tween my jaws has

B♭ · **C**

got me feel - ing like I'm on top, feel - ing like I

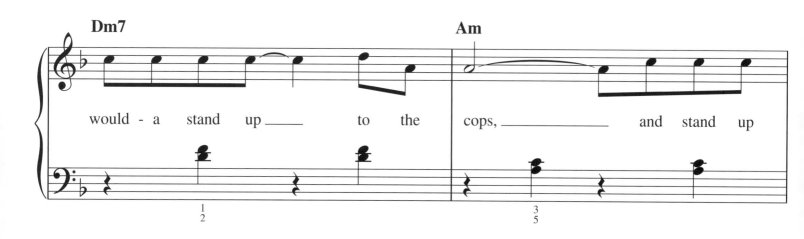

Dm7 · **Am**

would - a stand up _____ to the cops, _____ and stand up

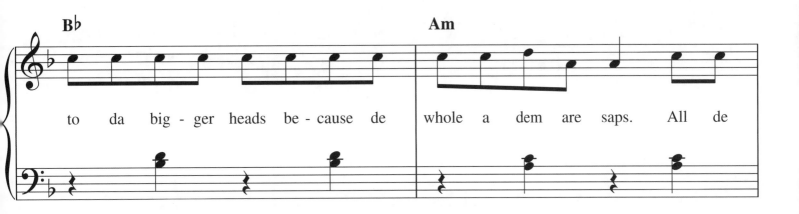

to da big - ger heads be - cause de whole a dem are saps. All de

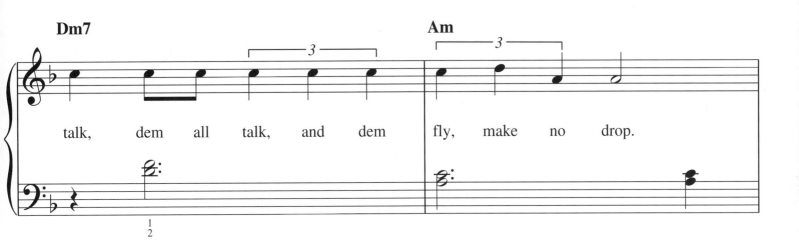

talk, dem all talk, and dem fly, make no drop.

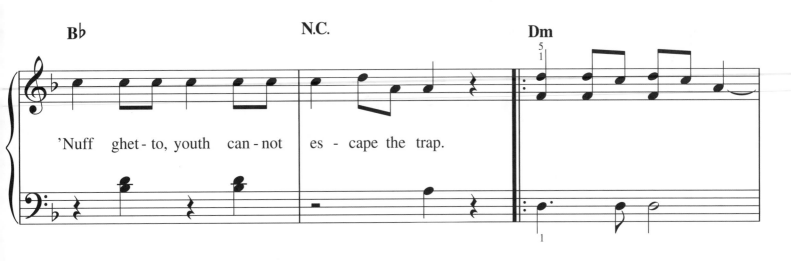

'Nuff ghet - to, youth can - not es - cape the trap.

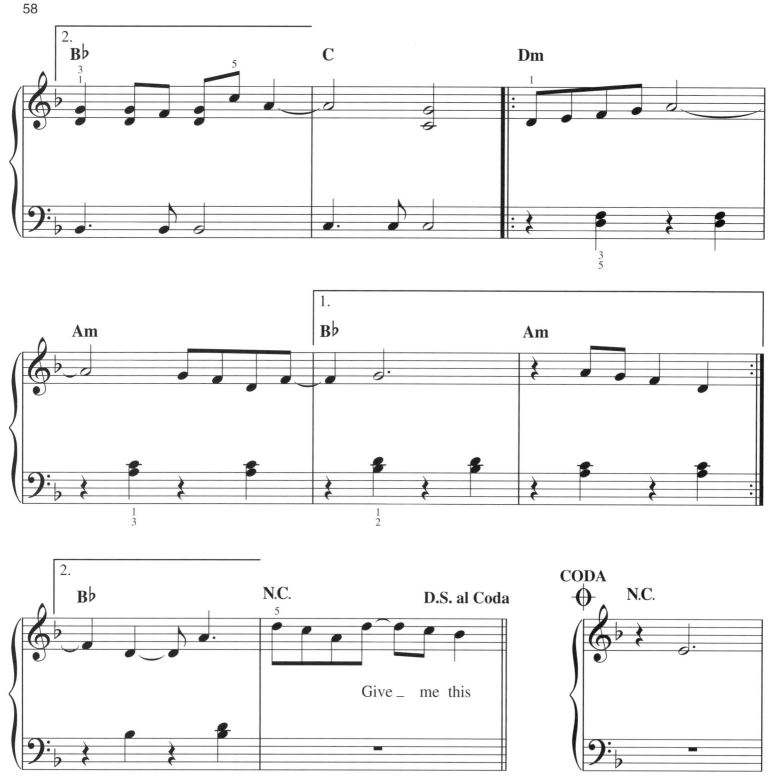

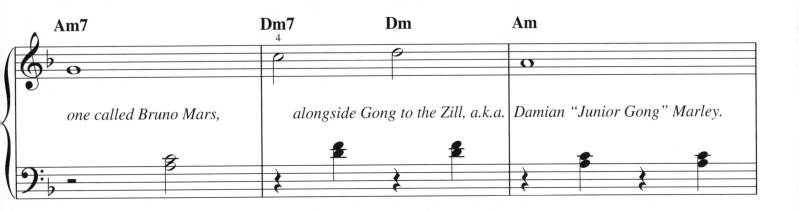

one called Bruno Mars, alongside Gong to the Zill, a.k.a. Damian "Junior Gong" Marley.

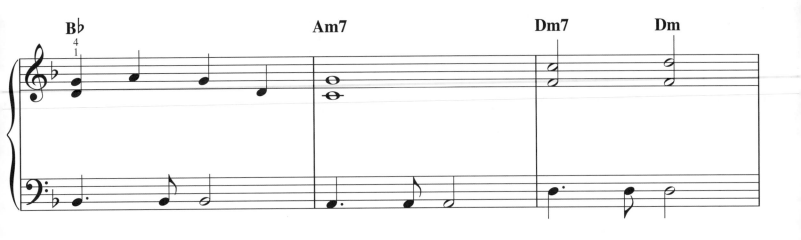

Yes, sir... You'd best believe.

COUNT ON ME

Words and Music by BRUNO MARS,
ARI LEVINE and PHILIP LAWRENCE

Moderately fast

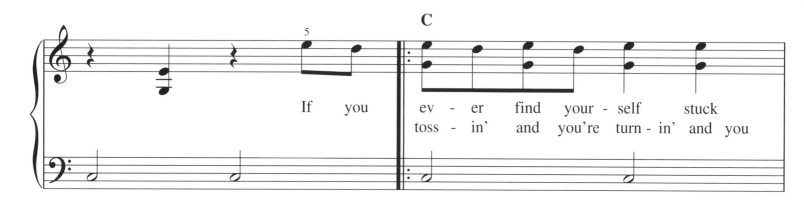

If you ev-er find your-self stuck
toss-in' and you're turn-in' and you

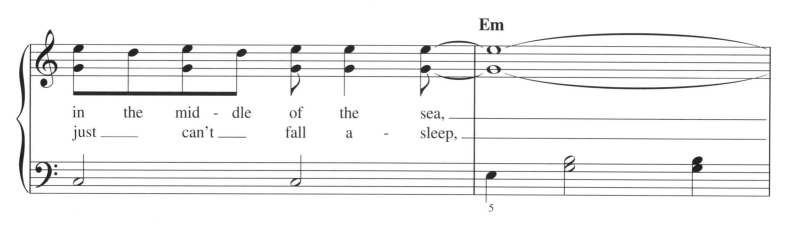

in the mid-dle of the sea,
just can't fall a-sleep,

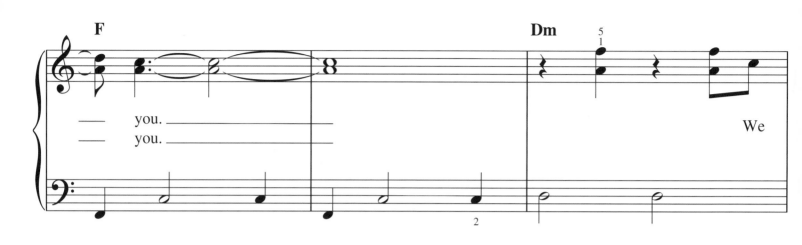

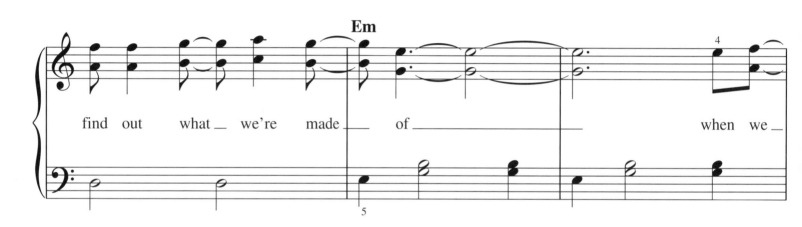

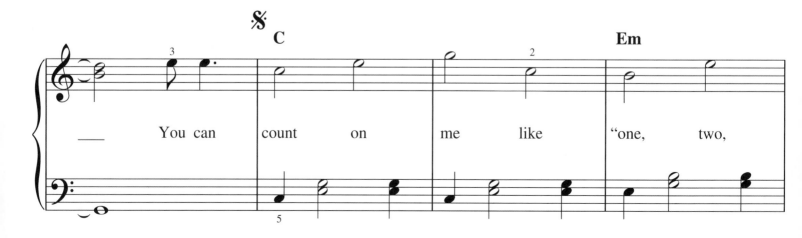

THE OTHER SIDE

Words and Music by BRUNO MARS,
ARI LEVINE, PHILIP LAWRENCE,
PATRICK STUMP, BOBBY SIMMONS JR.,
MICHAEL CAREN, KAVEH RASTEGAR,
JOHN WICKS, JEREMY RUZUMNA
and JOSHUA LOPEZ

Truth of the mat-ter is, ___ I'm com - pli - cat - ed; ___

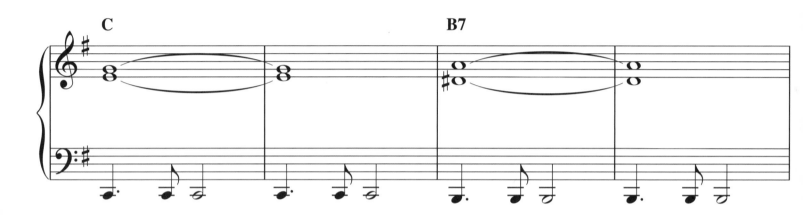

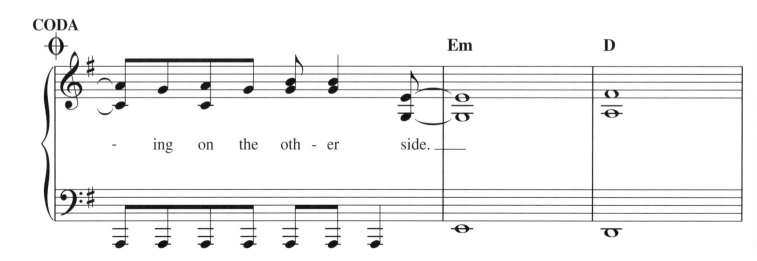

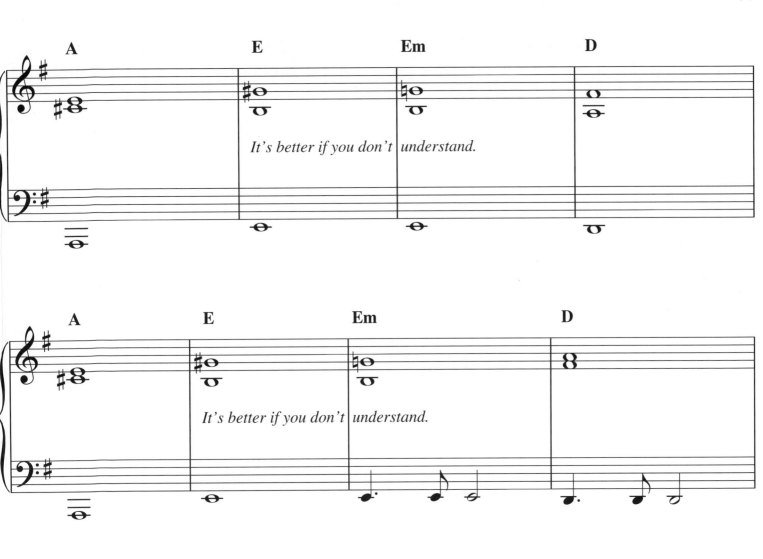

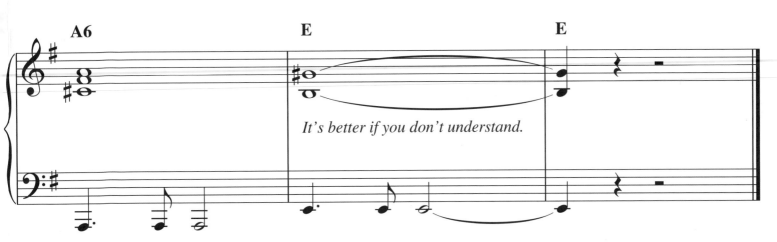

Rap Lyrics

If they say life's a dream, call this insomnia.
'Cause this ain't Wonderland; it damn sure ain't Narnia.
And once you cross the line, you can't change your mind.
Yeah, I'm a monster, but I'm no Frankenstein.

And quite frankly I been feelin' insane in between my eyes. I
Really can't explain what I feel inside. If you knew what I was, you'd run and hide.
Many have tried to go into the night and cross over the line and come back alive, but
That's the price we payin' when we livin' on the other side.